20931070R00061

Made in the USA
Lexington, KY
07 December 2018